AF155819

Prophéties

*Un étonnant récit sur événements de notre époque
écrit par un Templier il y a plus de 900 ans*

Jean de Jérusalem

Prophéties

© Jean de Jérusalem 2019 (domaine public)

ISBN: 9782322036219

Edition : Books on Demand, 12/14, Rond-Point de Champs-Elysées, 75008 Paris (France)
Impression : Books on Demand GmbH, Norderstedt (Allemagne).

Dépôt légal : mai 2019

Jehan de Vézelay ou Jean de Jérusalem (1042-1119) serait un Templier qui aurait participé à la libération de Jérusalem en 1099, conquise vingt ans plus tôt par les Turcs, et auteur d'un poème en deux parties aux consonances prophétiques. Le texte de ces prophéties n'a été publié qu'à partir de 1994, après sa découverte en Russie dans les archives du monastère de la Trinité-Saint-Serge à Zagorsk près de Moscou (Russie) en 1992/1993.

Jean de Jérusalem serait l'enfant du monastère bénédictin de Vézelay, fils de Bourgogne, soldat du Christ en Terre sainte, et l'un de huit fondateurs de l'ordre du Temple. Il serait un proche d'Hugues de Payns, premier grand maître de l'ordre du Temple, et serait né en Bourgogne vers 1042 et mort à Jérusalem en 1119.
D'après une autre version, il aurait été plutôt croisé et bénédictin. On assure qu'après la Première Croisade il a découvert un grand secret sur le Mont du Temple à Jérusalem, ce qui a fait de lui un prophète.

Jean de Jérusalem aurait écrit sept manuscrits de prophéties, au contenu identique. Trois manuscrits auraient été confiés à Bernard de Clairvaux (saint Bernard) qui en donne un au monastère de Vézelay. Quatre autres exemplaires auraient été dispersés et eurent différents destinataires. Un manuscrit retrouvé dans les archives du KGB à la Loubianka en 1992, faisait, selon les services russes, partie d'un lot d'archives allemandes saisies à Berlin, ce qui expliquerait les différentes mentions en marge qui s'y trouvent, indiquant que ce manuscrit fut saisi dans une bibliothèque juive de Varsovie (Pologne).

I - Le Commencement

Je vois et je sais.
Mes yeux découvrent dans le Ciel
ce qui sera,
Et je franchis le temps d'un seul pas.
Une main me guide vers ce que vous ne
voyez ni ne savez…
— Jean de Jérusalem

1. Lorsque commencera l'An Mille qui vient après l'An Mille,

L'Or sera dans le Sang.

Qui regardera les étoiles y comptera des deniers.

Qui entrera dans le Temple y rencontrera les marchands.

Les Souverains seront changeurs et usuriers.

Le Glaive défendra le Serpent.

Mais le feu couvera.

Chaque ville sera Sodome et Gomorrhe.

Et les enfants des enfants deviendront la nuée ardente.

Ils lèveront les vieux étendards.

2. Lorsque commencera l'An Mille qui vient après l'An Mille,

L'Homme aura peuplé les Cieux et la Terre et les Mers de ses Créatures.

Il ordonnera.

Il voudra les pouvoirs de Dieu.

Il ne connaîtra aucune limite.

Mais chaque chose se retournera.

Il titubera comme un roi ivre.

Il galopera comme un chevalier aveugle.

Et à coup d'éperon il poussera sa monture dans la forêt.

Au bout du chemin sera l'abîme

3. Lorsque commencera l'An Mille qui vient après l'An Mille,
Se dresseront en tous points de la Terre des Tours de Babel.
Ce sera Rome et ce sera Byzance.
Les champs se videront.
Il n'y aura de loi que de soi et de sa bande.
Mais les Barbares seront dans la ville.
Il n'y aura plus de pain pour tous.
Et les jeux ne suffiront plus.
Alors les gens sans avenir
Allumeront les grands incendies.

4. Lorsque commencera l'An Mille qui vient après l'An Mille,
La faim serrera le ventre de tant d'hommes
Et le froid bleuira tant de mains
Que ceux-là voudront voir un autre monde.
Et des marchands d'illusions viendront qui proposeront le poison.
Mais il détruira les corps et pourrira les âmes
Et ceux-là qui auront mêlé le poison à leur sang
Seront comme bête sauvage prise au piège
Et tueront et violeront et rançonneront et voleront
Et la vie deviendra une apocalypse de chaque jour.

5. Lorsque commencera l'An Mille qui vient après

l'An Mille,

Chacun cherchera à jouir tout ce qu'il peut.
L'Homme répudiera son épouse autant de fois
qu'il se mariera
Et la femme ira par les chemins perdus (creux)
prenant celui qui lui plaira
Enfantant sans donner le nom du Père.
Mais aucun Maître ne guidera l'Enfant
Et chacun parmi les autres sera seul.
La tradition sera perdue.
La loi sera oubliée,
Comme si l'Annonce n'avait pas été faite et
l'homme redeviendra sauvage

6. *Lorsque commencera l'An Mille qui vient après*
l'An Mille,

Le père prendra son plaisir avec sa fille,
L'homme avec l'homme la femme avec la femme,
Le vieux avec l'enfant impubère,
Et cela sera aux yeux de tous.
Mais le sang deviendra impur,
Le mal se répandra de lit en lit,
Le corps accueillera toutes les putréfactions de la
Terre,
Les visages seront rongés, les membres
décharnés,
L'amour sera haute menace pour ceux qui ne se
connaissent que par la chair.

7. Lorsque commencera l'An Mille qui vient après l'An Mille,
Celui qui parlera de Serment et de Loi
Ne sera pas entendu.
Celui qui prêchera la Foi du Christ
Perdra sa voix dans le désert.
Mais partout se répandront les eaux puissantes des religions infidèles.
De faux messies rassembleront les hommes aveuglés,
Et l'infidèle armé sera comme jamais il ne fut.
Il parlera de justice et de droit et sa foi sera brûlante et tranchante.
Il se vengera de la Croisade.

8. Lorsque commencera l'An Mille qui vient après l'An Mille,
Le bruit de la mort donnée roulera comme l'orage sur la Terre.
Les barbares seront mêlés aux soldats des dernières légions.
Les Infidèles vivront dans le cœur des Villes Saintes.
Chacun sera tour à tour barbare, infidèle et sauvage.
Il n'y aura plus d'ordre ni de règle.
La haine se répandra comme la flamme dans la forêt sèche.
Les barbares massacreront les soldats.

Les infidèles égorgeront les croyants.
La sauvagerie sera de chacun et de tous et les villes périront.

9. Lorsque commencera l'An Mille qui vient après l'An Mille,
Les hommes se jugeront entre eux selon leur sang et leur foi.
Nul n'écoutera le cœur souffrant des enfants.
On les dénichera comme des oisillons,
Et personne ne saura les protéger de la main raidie par le gantelet.
La haine inondera les terres qui se croyaient pacifiées,
Et nul ne sera épargné, ni les vieux ni les blessés.
Les maisons seront détruites ou volées.
Les uns prendront la place des autres.
Chacun fermera les yeux pour ne pas voir les femmes violées.

10. Lorsque commencera l'An Mille qui vient après l'An Mille,
Chacun saura ce qui est en tous les lieux de la Terre.
On verra l'enfant dont les os percent la peau
Et celui dont les yeux sont couverts de mouches
Et celui qu'on pourchasse comme un rat.
Mais l'homme qui verra détournera la tête,
Car il ne se souciera que de lui.

Celui-là donnera une poignée de grains comme aumône,
Alors qu'il dort sur des sacs pleins.
Et ce qu'il donnera d'une main il le reprendra de l'autre.

11. Lorsque commencera l'An Mille qui vient après l'An Mille,
L'homme fera marchandise de tout,
Chaque chose aura son prix.
L'arbre, l'eau et l'animal,
Plus rien ne sera vraiment donné et tout sera vendu
Mais l'homme alors ne sera plus que poids de chair.
On troquera son corps comme un quartier de viande.
On prendra son œil et son cœur.
Rien ne sera sacré ni sa vie ni son âme.
On se disputera sa dépouille et son sang comme une charogne à dépecer.

12. Lorsque commencera l'An Mille qui vient après l'An Mille,
L'homme aura changé le visage de la Terre.
Il se voudra le Maître et le Souverain des forêts et des troupeaux,
Il aura creusé le sol et le ciel,
Et tracé son sillon dans les fleuves et les mers.

Mais la Terre sera nue et stérile,
L'Air deviendra brûlant et l'eau sera fétide.
La vie se fanera car l'homme épuisera la richesse
du monde,
Et l'homme sera seul comme un loup,
Dans la haine de lui.

13. *Lorsque commencera l'An Mille qui vient après
l'An Mille,*
L'enfant sera lui aussi vendu.
Certains se serviront de lui comme d'une
quintaine
Pour jouir de sa neuve peau.
D'autres le traiteront comme un animal servile.
On oubliera la faiblesse sacrée de l'enfant,
Et son mystère.
Il sera comme un poulain qu'on dresse,
Comme un agneau qu'on saigne qu'on abat
Et l'homme ne sera plus rien que barbarie.

14. *Lorsque commencera l'An Mille qui vient après
l'An Mille,*
Le regard et l'esprit des hommes seront
prisonniers.
Ils seront ivres et l'ignoreront.
Ils prendront les images et les reflets pour la
vérité du monde.
On fera d'eux ce que l'on fait d'un mouton.
Alors les carnassiers viendront,

Les rapaces les mettront en troupeau pour mieux les guider vers l'abîme
Et les dresser les uns contre les autres.
On les écorchera pour prendre leur laine et leur peau,
Et l'homme s'il survit sera dépouillé de son âme.

15. Lorsque commencera l'An Mille qui vient après l'An Mille,
Régneront des Souverains sans croyance.
Ils ordonneront aux foules humaines innocentes et passives.
Ils cacheront leurs visages et garderont leurs noms secret.
Et leurs châteaux forts seront perdus dans les forêts.
Mais ils décideront du sort de tout et de tous.
Personne ne participera aux assemblées de leur ordre.
Chacun sera vrai serf et se croira homme libre et chevalier.
Seuls se dresseront ceux des villes sauvages et des fois hérétiques,
Mais ils seront d'abord vaincus et brûlés vifs.

16. Lorsque commencera l'An Mille qui vient après l'An Mille,
Les hommes seront si nombreux sur les terres
Qu'ils ressembleront à une fourmilière dans

laquelle on enfonce le bâton.

Ils grouilleront et la mort les écrasera du talon

Comme des insectes affolés.

De grands mouvements les pousseront d'une contrée à l'autre.

Les peaux brunes se mêleront aux peaux blanches,

La Foi du Christ à celle de l'Infidèle.

Certains prêcheront la paix jurée.

Mais partout ce sera la guerre des tribus ennemies.

17. Lorsque commencera l'An Mille qui vient après l'An Mille,

Les hommes voudront franchir toutes les enceintes.

La mère aura les cheveux gris d'une vieille.

Le chemin de la nature sera abandonné

Et les familles seront comme des grains séparés que rien ne peut unir.

Ce sera donc un autre monde.

Chacun errera sans lien comme un cheval emballé

Allant en tout sens sans guide.

Malheur au chevalier qui chevauchera cette monture

Il sera sans étrier et chutera dans le fossé.

18. Lorsque commencera l'An Mille qui vient après

l'An Mille,
Les hommes ne s'en remettront plus à la loi de
Dieu
Mais voudront guider leur vie comme une
monture.
Ils voudront choisir leurs enfants dans le ventre
de leurs femmes
Et tueront ceux qu'ils n'aimeront pas.
Mais que sera l'homme qui se prendra ainsi pour
Dieu ?
Les Puissants se saisiront des meilleures terres et
des plus belles femmes.
Les pauvres et les faibles seront du bétail.
Chaque masure deviendra donjon.
La peur sera en chaque cœur comme un poison.

19. Lorsque commencera l'An Mille qui vient après
l'An Mille,
Un ordre noir et secret aura surgi.
Sa loi sera de haine et son arme le poison.
Il voudra toujours plus d'or et étendra son règne
sur toute la Terre
Et ses servants seront liés entre eux par un baiser
de sang.
Les hommes justes et les faibles subiront sa
règle.
Les Puissants se mettront à son service.
La seule loi sera celle qu'il dictera dans l'ombre.
Il vendra le poison jusque dans les églises

Et le monde marchera avec ce scorpion sous son talon.

20. Lorsque commencera l'An Mille qui vient après l'An Mille,
Bien des hommes resteront assis les bras croisés
Ou bien iront sans savoir où les yeux vides,
Car ils n'auront plus de forge où battre le métal
Et plus de champ à cultiver.
Ils seront comme une graine qui ne peut prendre racine
Errants et démunis humiliés et désespérés,
Les plus jeunes et les plus vieux souvent sans lieux.
Ils n'auront que la guerre pour salut
Et ils se combattront d'abord eux-mêmes et ils haïront leur vie.

21. Lorsque commencera l'An Mille qui vient après l'An Mille,
Les maladies de l'eau du Ciel et de la Terre
Frapperont l'homme et le menaceront.
Il voudra faire renaître ce qu'il a détruit et protéger ce qui demeure.
Il aura peur des jours qui viennent.
Mais il sera bien tard.
Le désert rongera la Terre et l'eau sera de plus en plus profonde.
Elle ruissellera certains jours en emportant tout

comme un déluge,
Et elle manquera le lendemain à la Terre,
Et l'air rongera le corps des plus faibles.

22. Lorsque commencera l'An Mille qui vient après l'An Mille,
La Terre tremblera en plusieurs lieux et les villes s'effondreront.
Tout ce que l'on aura construit sans écouter les sages
Sera menacé et détruit.
La boue submergera les villages et le sol s'ouvrira sous les Palais.
L'homme s'obstinera car l'orgueil est sa folie.
Il n'entendra pas l'avertissement répété de la Terre,
Mais l'incendie détruira les nouvelles Rome
Et dans les décombres accumulés
Les pauvres et les barbares pilleront malgré les Légions les richesses abandonnées.

23. Lorsque commencera l'An Mille qui vient après l'An Mille,
Le Soleil brûlera la Terre.
L'Air ne sera plus le voile qui protège du feu,
Il ne sera qu'un rideau troué,
Et la lumière brûlante rongera les peaux et les yeux.

La mer s'élèvera comme une eau qui bout,
Les villes et les rivages seront ensevelies,
Et des continents entiers disparaîtront,
Les hommes se réfugieront sur les hauteurs,
Et ils reconstruiront oubliant déjà ce qui est
survenu.

*24. Lorsque commencera l'An Mille qui vient après
l'An Mille,*
Les hommes sauront faire vivre des mirages.
Les sens seront trompés et ils croiront toucher
ce qui n'est pas.
Ils suivront des chemins que seuls les yeux
verront
Et le rêve pourra ainsi devenir vivant
Mais l'homme ne saura plus séparer ce qui est de
ce qui n'est pas,
Il se perdra dans de faux labyrinthes.
Ceux qui sauront faire naître des mirages
Se joueront de l'homme naïf en le trompant
Et beaucoup d'hommes deviendront des chiens
rampants.

*25. Lorsque commencera l'An Mille qui vient après
l'An Mille,*
Les animaux que Noé avait embarqués sur son
Arche
Ne seront plus entre les mains de l'Homme

Que bêtes transformées selon sa volonté.
Et qui se souciera de leur souffrance vivante ?
L'homme aura fait de chaque espèce ce qu'il aura
voulu
Et il en aura détruit d'innombrables.
Que sera devenu l'homme qui aura changé les
lois de la vie,
Qui aura fait de l'animal vivant une motte de
glaise ?
Sera-t-il l'égal de Dieu ou l'enfant du Diable ?

*26. Lorsque commencera l'An Mille qui vient après
l'An Mille,*
Il faudra avoir peur pour l'enfant de l'homme.
Le poison et le désespoir le guetteront.
On ne l'aura désiré que pour soi et non pour lui
ou pour le monde.
Il sera traqué pour le plaisir et parfois on vendra
son corps.
Mais même celui qui sera protégé par les siens,
Sera menacé d'avoir l'esprit mort.
Il vivra dans le jeu et le mirage
Qui le guidera puisqu'il n'y aura plus maître.
Personne ne lui aura enseigné à espérer et à agir.

*27. Lorsque commencera l'An Mille qui vient après
l'An Mille,*
L'homme se croira Dieu alors qu'il ne sera rien
de plus qu'à sa naissance.

Il frappera toujours vaincu par la colère et la jalousie,
Mais son bras sera armé de la puissance dont il se sera emparé,
Et Prométhée aveuglé il pourra tout détruire autour de lui.
Il restera un nain de l'âme et il aura la force d'un géant.
Il avancera d'un pas immense mais il ignorera quel chemin prendre.
Sa tête sera lourde de savoir,
Mais il ne saura pas pourquoi il vit et il meurt.
Il sera comme toujours le fou qui gesticule ou l'enfant qui geint.

28. Lorsque commencera l'An Mille qui vient après l'An Mille,
Des contrées entières seront la proie de la guerre.
Au-delà du limès romain et même sur l'ancien territoire de l'Empire
Les hommes des mêmes cités s'égorgeront.
Ici sera la guerre entre tribus et là entre croyants.
Les Juifs et les enfants d'Allah n'en finiront pas de s'opposer
Et la terre du Christ sera leur champ de bataille,
Mais les infidèles voudront partout défendre la pureté de leur foi
Et il n'y aura en face d'eux que doute et puissance.

Alors la mort s'avancera partout comme
l'étendard des temps nouveaux.

*29. Lorsque commencera l'An Mille qui vient après
l'An Mille,*
Des hommes en multitude seront exclus de la vie
humaine.
Ils n'auront ni droits ni toit ni pain,
Ils seront nus et n'auront que leurs corps à
vendre.
On les rejettera loin des tours de Babel de
l'opulence.
Ils grouilleront comme un remords et une
menace,
Ils occuperont des contrées entières et
proliféreront,
Ils écouteront les prédications de la vengeance,
Et ils se lanceront à l'assaut des tours
orgueilleuses.
Le temps sera revenu des invasions barbares.

*30. Lorsque commencera l'An Mille qui vient après
l'An Mille,*
L'homme sera entré dans le labyrinthe obscur.
Il aura peur et il fermera les yeux car il ne saura
plus voir.
Il se défiera de tout et il craindra à chaque pas,
Mais il sera poussé en avant car aucune halte ne
sera permise.

La voix de Cassandre sera pourtant haute et forte.

Il ne l'entendra pas,

Car il voudra toujours plus posséder et sa tête sera perdue dans les mirages.

Ceux qui seront ses Maîtres le tromperont,

Et il n'y aura que des mauvais bergers.

NOTES

....
....
....
....
....
....
....
....

II

L'Accomplissement

31. Lorsque ce sera le plein de l'An Mille qui vient après l'An Mille,
Les hommes auront enfin ouvert les yeux.
Ils ne seront plus enfermés dans leurs têtes et dans leurs cités.
Ils se verront et s'entendront d'un point à l'autre de la Terre.
Ils sauront que ce qui frappe l'un blesse l'autre.
Les hommes formeront comme un grand corps unique
Dont chacun d'eux sera une part infime,
Et ils constitueront ensemble le cœur
Et il y aura enfin une langue qui sera parlée par tous
Et il naîtra ainsi enfin le grand humain.

32. Lorsque ce sera le plein de l'An Mille qui vient après l'An Mille,
L'homme aura conquis le ciel.
Il créera des étoiles dans la grande mer bleu sombre
Et il naviguera sur cette nef brillante,

Nouvel Ulysse compagnon du Soleil pour
l'Odyssée Céleste.

*33. Lorsque ce sera le plein de l'An Mille qui vient
après l'An Mille,*
Les hommes pourront s'enfoncer sous les eaux.
Leur corps sera nouveau et ils seront poissons.
Et certains voleront haut plus haut que les
oiseaux,
Comme si la pierre ne tombait pas.
Ils communiqueront entre eux,
Car leur esprit sera si grand ouvert qu'il
recueillera tous les messages
Et les rêves seront partagés
Et ils vivront aussi longtemps que le plus vieux
des hommes,
Celui dont parle les Livres Saints.

*34. Lorsque ce sera le plein de l'An Mille qui vient
après l'An Mille,*
L'homme saura quel est l'esprit de toute chose,
La pierre ou l'eau, le corps de l'animal ou le
regard de l'autre.
Il aura percé les secrets que les Dieux anciens
possédaient
Et il poussera porte après porte dans le labyrinthe
de la vie nouvelle.
Il créera avec la puissance et le jaillissement d'une
source,

Il enseignera le savoir à la multitude des
hommes,
Et les enfants connaîtront la Terre et le Ciel plus
qu'aucun avant eux,
Et le corps de l'homme sera agrandi et habile,
Et son esprit aura enveloppé toutes choses et les
aura possédées.

35. *Lorsque ce sera le plein de l'An Mille qui vient*
après l'An Mille,
L'homme ne sera plus le seul souverain, car la
femme viendra saisir le sceptre.
Elle sera la grande maîtresse des temps futurs,
Et ce qu'elle pensera, elle l'imposera aux
hommes.
Elle sera la mère de cet An Mille qui vient après
l'An Mille.
Elle répandra la douceur tiède de la mère après
les jours du Diable.
Elles sera la beauté après la laideur des temps
barbares.
L'An Mille qui vient après l'An Mille se
changera en temps léger.
On aimera et on partagera,
On rêvera et on enfantera les rêves.

36. *Lorsque ce sera le plein de l'An Mille qui vient*
après l'An Mille,
L'homme connaîtra une seconde naissance.

L'Esprit saisira la foule des hommes
Qui communieront dans la fraternité.
Alors s'annoncera la fin des temps barbares.
Ce sera le temps d'une nouvelle vigueur de la
Foi.
Après les jours noirs du commencement de l'An
Mille qui vient après l'An Mille
S'ouvriront des jours heureux.
L'homme retrouvera le chemin des hommes,
Et la terre sera ordonnée.

*37. Lorsque ce sera le plein de l'An Mille qui vient
après l'An Mille,*
Des voies iront d'un bout à l'autre de la Terre, et
du Ciel à l'autre bout.
Les forêts seront à nouveau denses,
Et les déserts auront été irrigués.
Les eaux seront redevenues pures.
La Terre sera comme un jardin.
L'Homme veillera sur tout ce qui vit,
Il purifiera ce qu'il a souillé,
Il sentira toute la Terre comme sa demeure,
Et il sera sage, pensant aux lendemains.

*38. Lorsque ce sera le plein de l'An Mille qui vient
après l'An Mille,*
Chacun sera comme un pas réglé.
On saura tout du monde et de son corps,
On soignera la maladie avant qu'elle n'apparaisse,

Chacun sera guérisseur de soi et des autres.

On aura compris qu'il faut aider pour maintenir,

Et l'homme, après des temps de fermeture et d'avarice,

Ouvrira son cœur et sa bourse aux plus démunis.

Il se sentira chevalier de l'ordre humain,

Et ainsi ce sera un temps nouveau qui commencera.

39. Lorsque ce sera le plein de l'An Mille qui vient après l'An Mille,

L'homme aura appris à donner et à partager.

Les jours amers de solitude seront enfouis.

Il croira à nouveau à l'Esprit,

Et les barbares auront acquis droit de cité.

Mais cela viendra après les guerres et les incendies,

Cela surgira des décombres noircies des tours de Babel,

Et il aura fallu la poigne ferrée

Pour que s'ordonne le désordre

Et que l'homme retrouve le bon chemin.

40. Lorsque ce sera le plein de l'An Mille qui vient après l'An Mille,

L'homme saura que tous les vivants sont porteurs de lumière

Et qu'ils sont créatures à respecter.

Il aura construit les nouvelles cités

Dans le Ciel sur la Terre et sur la mer.
Il aura la mémoire de ce qui fut
Et il saura lire ce qui sera.
Il n'aura plus peur de sa propre mort,
Car il aura dans sa vie vécu plusieurs vies,
Et la Lumière, il le saura, ne sera jamais éteinte »

— Jean de Jérusalem, 1099

NOTES

....

....

....

....

....

....

....

....